Made in the USA
Las Vegas, NV
08 June 2023

73156362R00070